Impressum
Verlag: BABADADA GmbH, Nedderfeld 112 , 22529 Hamburg
Geschäftsführer / Verlagsleitung: Harald Hof
Druck: Books on Demand GmbH, In de Tarpen 42, 22848 Norderstedt

Imprint
Publisher: BABADADA GmbH, Nedderfeld 112 , 22529 Hamburg, Germany
Managing Director / Publishing direction: Harald Hof
Print: Books on Demand GmbH, In de Tarpen 42, 22848 Norderstedt, Germany

jiao shi
aula

chu
dividir

186/2

hei ban
pizarra

xiao yuan
patio

lao shi
maestro/a

zhi
papel

shu xie
escribir

gang bi
bolígrafo

ban gong zhuo
escritorio

zhi chi
regla

shu
libro

xue sheng
alumno/a

shu bao

cartera

qian bi he

caja de lápices

qian bi

lápiz

juan bi dao

sacapuntas

xiang pi ca

goma de borrar

hua ban

cuaderno de dibujo

tu hua

dibujo

hua bi

pincel

yan liao he

caja de pinturas

jian dao

tijeras

jiao shui

pegamento

lian xi ce

cuaderno de ejercicios

jia ting zuo ye

deberes

12

shu zi

número

2+2

jia

sumar

5-2

jian

restar

2×2

cheng

multiplicar

ji suan

calcular

A

zi mu

letra

ABCDEFG
HIJKLMN
OPQRSTU
VWXYZ

zi mu biao

alfabeto

hello

zi

palabra

ke wen

texto

du

leer

fen bi

tiza

shang ke

lección

deng ji

cuaderno de notas

kao shi

examen

zheng shu

certificado

xiao fu

uniforme escolar

jiao yu

educación

bai ke quan shu

enciclopedia

da xue

universidad

xian wei jing

microscopio

di tu

mapa

fei zhi kuang

papelera

jiu dian
hotel

qing nian lü xing she
albergue

wai bi dui huan chu
oficina de cambio de divisas

shou ti xiang
maleta

qi che
coche

yu yan

idioma

shi/fou

sí / no

hao de

Vale

nin hao

hola

fan yi yuan

traductor

xie xie

Gracias

......duo shao qian?

¿cuánto es...?

wo bu ming bai

No entiendo

wen ti

problema

wan shang hao!

¡Buenas tardes!

zao shang hao!

¡Buenos días!

wan an!

¡Buenas noches!

zai jian

adiós

fang xiang

dirección

xing li

equipaje

bao

bolsa

shuang jian bao

mochila

ke ren

invitado

fang jian

habitación

shui dai

saco de dormir

zhang peng

tienda de campaña

lü you xin xi

información turística

hai tan

playa

xin yong ka

tarjeta de crédito

zao can

desayuno

wu can

almuerzo

wan can

cena

piao

billete

dian ti

ascensor

you piao

sello

bian jie

frontera

hai guan

aduana

da shi guan

embajada

qian zheng

visa

hu zhao

pasaporte

fei ji
avión

chuan
barco

xiao fang che
coche de bomberos

gong jiao che
autobús

ka che
camión

qi ting
lancha a motor

zi xing che
bicicleta

qi che
coche

bai du chuan

transbordador

xiao chuan

barca

mo tuo che

moto

jing che

coche de policía

sai che

coche de carreras

zu che

coche de alquiler

pin che

préstamo de vehículos

tuo che

grúa

la ji che

camión de la basura

fa dong ji

motor

qi you

gasolina

jia you zhan

gasolinera

jiao tong biao zhi

señal de tráfico

jiao tong

tráfico

jiao tong du sai

atasco

ting che chang

aparcamiento

huo che zhan

estación de tren

gui dao

vías

huo che

tren

dian che

tranvía

huo che

vagón

zhi sheng ji

helicóptero

ji chang

aeropuerto

ta

torre

cheng ke

pasajero

ji zhuang xiang

contenedor

zhi ban xiang

caja de cartón

shou tui che

carretilla

lan zi

cesta

qi fei/jiang luo

despegar / aterrizar

cheng shi

ciudad

cun zhuang

pueblo

shi zhong xin

centro de ciudad

fang zi

casa

dian ying yuan
cine

guang gao
anuncio

lu deng
farola

jie dao
calle

chu zu che
taxi

xiao chi dian
quiosco

xing ren
peatón

ren xing dao
acera

shi zi lu kou
cruce

ban ma xian
paso de cebra

la ji xiang
contenedor de basura

hong lü deng
semáforo

xiao wu

cabaña

gong yu

apartamento

huo che zhan

estación de tren

shi zheng ting

ayuntamiento

bo wu guan

museo

xue xiao

escuela

da xue

universidad

yin hang

banco

yi yuan

hospital

jiu dian

hotel

yao fang

farmacia

ban gong shi

oficina

shu dian

librería

shang dian

tienda

hua dian

floristería

chao shi

supermercado

shi chang

mercado

bai huo shang dian

grandes almacenes

yu dian

pescadería

gou wu zhong xin

centro comercial

hai gang

puerto

gong yuan

parque

chang deng

banco

qiao

puente

lou ti

escaleras

di tie

metro

sui dao

túnel

gong jiao che zhan

parada de autobús

jiu ba

bar

can guan

restaurante

you tong

buzón

lu biao

poste indicador

ting che ji shi qi

parquímetro

dong wu yuan

zoo

you yong guan

piscina

qing zhen si

mezquita

nong chang

granja

wu ran

contaminación

mu di

cementerio

jiao tang

iglesia

cao chang

patio de juego

si miao

templo

di xing

paisaje

shu ye
hoja

zhi shi pai
señal

lu
camino

cao di
prado

shi tou
piedra

tu bu lü xing zhe
excursionista

shu
árbol

he
río

cao
hierba

hua
flor

xia gu

valle

shan

colina

hu

lago

sen lin

bosque

sha mo

desierto

huo shan

volcán

cheng bao

castillo

cai hong

arcoíris

mo gu

champiñón

zong lü shu

palmera

wen zi

mosquito

cang ying

mosca

ma yi

hormiga

mi feng

abeja

zhi zhu

araña

jia chong

escarabajo

qing wa

rana

song shu

ardilla

ci wei

erizo

ye tu

liebre

mao tou ying

lechuza

niao

pájaro

tian e

cisne

ye zhu

jabalí

lu

ciervo

mi lu

alce

shui ba

presa

feng li fa dian ji

turbina eólica

tai yang neng dian chi ban

panel solar

qi hou

clima

fu wu yuan
camarero

cai dan
menú

yi zi
silla

tang
sopa

pi sa bing
pizza

can ju
cubertería

zhuo bu
mantel

qian cai

primer plato

zhu cai

plato principal

tian dian

postre

yin liao

bebidas

shi wu

comida

ping zi

botella

kuai can

comida rápida

jie bian xiao chi

comida callejera

cha hu

tetera

tang he

azucarero

yi fen fan cai

porción

yi shi ka fei ji

cafetera expreso

gao jiao yi

trona

zhang dan

cuenta

tuo pan

bandeja

dao

cuchillo

can cha

tenedor

shao zi

cuchara

cha chi

cucharilla

can jin

servilleta

bo li bei

vaso

die zi

plato

tang pan

plato hondo

die zi

platillo

jiang

salsa

yan ping

salero

hu jiao mo

molinillo de pimienta

cu

vinagre

shi yong you

aceite

tiao wei liao

especias

fan qie jiang

ketchup

jie mo

mostaza

dan huang jiang

mayonesa

te jia
oferta especial

gu ke
cliente

ru zhi pin
lácteos

FOR

shui guo
fruta

gou wu che
carro de la compra

rou pu

carnicería

mian bao fang

panadería

cheng zhong

pesar

shu cai

verduras

rou

carne

leng dong shi pin

alimentos congelados

leng pan

fiambres

guan tou shi pin

conservas

xi yi fen

detergente en polvo

tian shi

dulces

ri yong pin

productos de uso doméstico

qing jie yong pin

productos de limpieza

xiao shou yuan

vendedora

shou yin ji

caja

shou yin yuan

cajero

gou wu qing dan

lista de la compra

kai fang shi jian

horario de atención al público

qian bao

cartera

xin yong ka

tarjeta de crédito

dai zi

bolsa

su liao dai

bolsa de plástico

shui

agua

guo zhi

zumo

niu nai

leche

ke le

cola

hong jiu

vino

pi jiu

cerveza

jiu

alcohol

ke ke

cacao

cha

té

ka fei

café

yi shi nong suo ka fei

expreso

ka bu qi nuo

capuchino

xiang jiao

plátano

ping guo

manzana

cheng zi

naranja

xi gua

melón

ning meng

limón

hu luo bo

zanahoria

da suan

ajo

zhu zi

bambú

yang cong

cebolla

mo gu

champiñón

jian guo

avellanas

mian tiao

fideos

yi da li mian tiao

espagueti

mi fan

arroz

sha la

ensalada

shu tiao

patatas fritas

zha tu dou

patatas fritas

pi sa bing

pizza

han bao bao

hamburguesa

san ming zhi

sándwich

zha zhu pai

filete

huo tui

jamón

sa la mi

salami

xiang chang

salchicha

ji rou

pollo

kao rou

asado

yu

pescado

yan mai pian

copos de avena

mu zi li

muesli

yu mi pian

copos de maíz

mian fen

harina

yang jiao mian bao

cruasán

mian bao juan

panecillo

mian bao

pan

kao mian bao

tostada

bing gan

galletas

huang you

mantequilla

ning ru

cuajada

dan gao

pastel

dan

huevo

jian dan

huevo frito

nai lao

queso

bing ji lin

helado

tang

azúcar

feng mi

miel

guo jiang

mermelada

qiao ke li jiang

crema de turrón

ga li fan

curry

nong she
granja

dao cao kun
fardo de paja

liang cang
granero

tian ye
campo

ma
caballo

tuo che
remolque

ma ju
potro

tuo la ji
tractor

lü
burro

gao yang
cordero

yang
oveja

shan yang

cabra

nai niu

vaca

niu du

ternero

zhu

cerdo

xiao zhu

cerdito

gong niu

toro

e

ganso

ya

pato

xiao ji

pollo

mu ji

gallina

gong ji

gallo

shu

rata

mao

gato

lao shu

ratón

niu

buey

gou

perro

gou wu

perrera

hua yuan jiao shui ruan guan

manguera

sa shui hu

regadera

chang bing da lian dao

guadaña

li

arado

lian dao

hoz

chu tou

azada

chang bing cao pa

horca

fu tou

hacha

du lun shou tui che

carretilla

si liao cao

abrevadero

niu nai guan

lechera

ma bu dai

saco

zha lan

valla

ma jiu

establo

wen shi

invernadero

tu rang

suelo

zhong zi

semilla

fei liao

fertilizador

lian he shou ge ji

cosechadora

shou ge

cosechar

shou ge

cosecha

shan yao

ñame

xiao mai

trigo

da dou

soja

tu dou

patata

yu mi

maíz

you cai zi

semilla de colza

guo shu

árbol frutal

shu shu

mandioca

gu wu

cereales

yan cong
chimenea

wu ding
tejado

luo shui guan
canalón

chuang hu
ventana

che ku
garaje

men ling
timbre

men
puerta

la ji tong
cubo de la basura

xin xiang
buzón

hua yuan
jardín

ke ting

sala

yu shi

cuarto de baño

chu fang

cocina

wo shi

dormitorio

er tong fang

habitación de los niños

can ting

comedor

di ban

suelo

qiang bi

pared

diao ding

techo

di jiao

sótano

sang na

sauna

yang tai

balcón

lu tai

terraza

you yong chi

piscina

ge cao ji

cortacésped

bei dan

sábana

chuang zhao

colcha

chuang

cama

sao zhou

escoba

shui tong

balde

kai guan

interruptor

bi zhi
papel pintado

zhao pian
imagen

tai deng
lámpara

ge jia
estante

chu gui
armario

dian shi ji
televisión

bi lu
chimenea

hua
flor

dian zi
cojín

sha fa
sofá

hua ping
jarrón

yao kong qi
mando a distancia

di tan
alfombra

chuang lian
cortina

can zhuo
mesa

yi zi
silla

yao yi
mecedora

fu shou yi
butaca

shu

libro

tan zi

manta

zhuang shi pin

decoración

mu chai

leña

dian ying

película

gao bao zhen yin xiang

equipo de música

yao shi

llave

bao zhi

periódico

you hua

pintura

hai bao

póster

shou yin ji

radio

bi ji ben

cuaderno

xi chen qi

aspiradora

xian ren zhang

cactus

la zhu

vela

bing xiang
refrigerador

wei bo lu
microondas

chu fang cheng
balanza de cocina

kao mian bao ji
tostadora

xi jie jing
detergente

kao xiang
horno

bing gui
congelador

la ji tong
cubo de la basura

xi wan ji
lavavajillas

chui ju

olla a presión

guo

olla

zhu tie guo

olla de hierro fundido

sha guo

wok / karahi

ping di guo

cazuela

shui hu

hervidor

zheng guo

vaporera

kao pan

chapa de horno

tao ci guo

vajilla

ma ke bei

taza

wan

tazón

kuai zi

palillos

chang bing shao

cucharón

chan zi

espumadera

jiao ban qi

batidor

lü wang

colador

shai zi

cedazo

mo sui ji

rallador

yan bo

mortero

shao kao

barbacoa

ming huo

hoguera

cai ban

tabla de picar

gan mian zhang

rodillo

kai ping qi

sacacorchos

guan zi

lata

kai ping qi

abrelatas

ge re shou tao

agarrador

shui cao

lavabo

shua zi

cepillo

hai mian

esponja

jiao ban ji

batidora

leng cang xiang

congelador

nai ping

biberón

shui long tou

grifo

lin yu
ducha

gong nuan she bei
calefacción

mao jin
toalla

yu lian
cortina de la ducha

pao mo yu
baño de espuma

yu gang
bañera

bo li bei
vaso

xi yi ji
lavadora

shui long tou
grifo

ci zhuan
baldosas

bian hu
orinal

shui cao
lavabo

ce suo

inodoro

dun bian qi

inodoro rústico

zuo yu qi

bidé

xiao bian chi

urinario

ce zhi

papel higiénico

ma tong shua

escobilla del váter

ya shua

cepillo de dientes

ya gao

pasta de dientes

ya xian

hilo dental

xi

lavar

shou chi shi pen lin tou

ducha de mano

chong xi qi

ducha íntima

xi lian pen

pila

ca bei shua

cepillo de espalda

fei zao

jabón

mu yu lu

gel de ducha

xi fa shui

champú

fa lan rong

toallita

pai shui

desagüe

ru shuang

crema

chu chou ji

desodorante

jing zi

espejo

shou jing

espejo de tocador

ti xu dao

maquinilla de afeitar

ti xu pao mo

espuma de afeitar

xu hou shui

loción postafeitado

shu zi

peine

shua zi

cepillo

chui feng ji

secador

pen fa ding xing ji

laca

hua zhuang pin

maquillaje

chun gao

pintalabios

zhi jia you

pintauñas

hua zhuang mian

algodón

zhi jia jian

cortauñas

xiang shui

perfume

xi shu bao

estuche de viaje

deng zi

banqueta

ji zhong cheng

balanza

yu pao

albornoz

xiang jiao shou tao

guantes de goma

wei sheng mian tiao

tampón

wei sheng jin

compresa

hua xue ce suo

inodoro químico

nao zhong
despertador

mao rong wan ju
peluche

wan ju che
coche de juguete

bo lang gu
sonajero

wan ju wu
casa de muñecas

li wu
regalo

qi qiu

globo

chuang

cama

(yang wa wa yong)ying er
che
coche de niño

pu ke pai

naipes

pin tu

puzle

man hua

tebeo

le gao ji mu

piezas de lego

ji mu wan ju

bloques de juguete

wan ju ren

figura de acción

ying er fu

bodi (de bebé)

fei pan

frisbee

chuang ling wan ju

colgador móvil para bebés

qi pan you xi

juego de mesa

shai zi

dados

huo che mo xing

circuito de tren eléctrico

an fu nai zui

maniquí

ju hui

fiesta

hui ben

álbum de fotos

qiu

pelota

yang wa wa

muñeca

wan

jugar

sha keng

cajón de arena

qiu qian

columpio

wan ju

juguetes

you xi ji

videoconsola

san lun che

triciclo

tai di xiong

oso de peluche

yi chu

guardarropa

yi fu

ropa

wa zi

calcetines

chang wa

medias

jin shen ku

leotardos

wei jin
bufanda

yu san
paraguas

T xu
camiseta

pi dai
cinturón

xue zi
botas

tuo xie
zapatillas

yun dong xie
deportivas

liang xie

sandalias

xie

zapatos

yu xue

botas de goma

nei ku

slip

xiong zhao

sostén

bei xin

chaleco

shen ti

bodi

ku zi

pantalones

niu zai ku

vaqueros

duan qun

falda

nü shi chen shan

blusa

chen shan

camisa

tao tou shan

jersey

wei yi

suéter

xi zhuang jia ke

blazer

jia ke

chaqueta

wai tao

abrigo

yu yi

gabardina

tao zhuang

traje

lian yi qun

vestido

hun sha

vestido de novia

xi zhuang

traje

shui pao

camisón

shui yi

pijama

sha li

sari

tou jin

bandana

bao tou jin

turbante

bo ka

burka

ka fu tan

caftán

(a la bo shi)chang pao

abaya

yong yi

traje de baño

nan shi yong ku

bañador

duan ku

pantalones cortos

yun dong fu

chándal

wei qun

delantal

shou tao

guantes

niu kou

botón

yan jing

gafas

shou lian

brazalete

xiang lian

collar

jie zhi

anillo

er huan

pendiente

bian mao

gorra

yi jia

percha

mao zi

sombrero

ling dai

corbata

la lian

cremallera

tou kui

casco

bei dai

tirantes

xiao fu

uniforme escolar

zhi fu

uniforme

wei dou

babero

an fu nai zui

maniquí

niao bu shi

pañal

fu wu qi
servidor

wen jian gui
archivo

da yin ji
impresora

zhi
papel

xian shi ping
monitor

ban gong zhuo
escritorio

shu biao
ratón

wen jian jia
carpeta

jian pan
teclado

fei zhi kuang
papelera

yi zi
silla

dian nao
ordenador

ka fei bei

taza de café

ji suan qi

calculadora

yin te wang

internet

bi ji ben dian nao

portátil

xin jian

carta

xiao xi

mensaje

shou ji

móvil

wang luo

red

fu yin ji

fotocopiadora

ruan jian

software

dian hua

teléfono

cha zuo

toma de corriente

chuan zhen ji

fax

biao ge

formulario

wen jian

documento

mai

comprar

fu qian

pagar

jiao yi

comerciar

xian jin

dinero

mei yuan

dólar

ou yuan

euro

ri yuan

yen

lu bu

rublo

rui shi fa lang

franco suizo

ren min bi

renminbi yuan

lu bi

rupia

ti kuan chu

cajero automático

wai bi dui huan chu

oficina de cambio de divisas

jin

oro

yin

plata

shi you

petróleo

neng yuan

energía

jia ge

precio

he tong

contrato

shui jin

impuesto

gu piao

acción

gong zuo

trabajar

zhi yuan

empleado

lao ban

empleador

gong chang

fábrica

shang dian

tienda

jing guan
agente de policía

xiao fang yuan
bombero

chu shi
cocinero

yi sheng
médico

fei xing yuan
piloto

yuan ding

jardinero

mu jiang

carpintero

cai feng

costurera

fa guan

juez

hua xue jia

farmacéutico

yan yuan

actor

gong jiao che si ji

conductor de autobús

chu zu che si ji

taxista

yu fu

pescador

qing jie nü gong

señora de la limpieza

wu ding gong

techador

fu wu yuan

camarero

lie ren

cazador

hua jia

pintor

mian bao shi

panadero

dian gong

electricista

jian zhu gong ren

obrero

gong cheng shi

ingeniero

tu fu

carnicero

shui guan gong

fontanero

you di yuan

cartero

shi bing

soldado

jian zhu shi

arquitecto

shou yin yuan

cajero

hua nong

florista

li fa shi

peluquero

shou piao yuan

revisor

ji xie shi

mecánico

chuan zhang

capitán

ya yi

dentista

ke xue jia

científico

la bi

rabino

yi ma mu

imán

he shang

monje

mu shi

sacerdote

tie chui
martillo

qian zi
alicates

luo si dao
destornillador

ban shou
llave

shou dian tong
linterna

wa jue ji

excavadora

gong ju xiang

caja de herramientas

ti zi

escalera de mano

ju zi

sierra

ding zi

clavos

zuan ji

taladro

xiu
reparar

chan zi
pala

kao!
¡Maldita sea!

bo ji
recogedor

you qi tong
bote de pintura

luo si
tornillos

yue qi
instrumentos musicales

da ji yue qi
batería

yang sheng qi
altavoz

ji ta
guitarra

di yin ti qin
contrabajo

xiao hao
trompeta

gang qin

piano

xiao ti qin

violín

bei si

bajo

ding yin gu

timbales

gu

tambor

dian zi qin

teclado

sa ke si guan

saxofón

chang di

flauta

mai ke feng

micrófono

ru kou
entrada

lao hu
tigre

long zi
jaula

ban ma
cebra

dong wu sí liao
pienso

xiong mao
panda

dong wu

animales

da xiang

elefante

dai shu

canguro

xi niu

rinoceronte

da xing xing

gorila

xiong

oso

luo tuo

camello

tuo niao

avestruz

shi zi

león

hou zi

mono

huo lie niao

flamingo

ying wu

loro

bei ji xiong

oso polar

qi e

pingüino

sha yu

tiburón

kong que

pavo real

she

serpiente

e yu

cocodrilo

dong wu yuan guan li yuan

guardián de zoológico

hai bao

foca

mei zhou bao

jaguar

ai zhong ma

poni

bao

leopardo

he ma

hipopótamo

chang jing lu

jirafa

lao ying

águila

ye zhu

jabalí

yu

pescado

gui

tortuga

hai xiang

morsa

hu li

zorro

ling yang

gacela

gan lan qiu
fútbol americano

qi zi xing che
ciclismo

wang qiu
tenis

lan qiu
baloncesto

you yong
natación

bing qiu
hockey sobre hielo

quan ji
boxeo

ying shi zu qiu

fútbol

yu mao qiu

bádminton

tian jing

atletismo

shou qiu

balonmano

hua xue

esquí

ma qiu

polo

tiao
saltar

yong bao
abrazar

xiao
reír

zou lu
caminar

chang
cantar

zuo meng
soñar

qi dao
rezar

qin wen
besar

shu xie

escribir

hua

dibujar

zhan shi

mostrar

tui

empujar

gei

dar

na

tomar

you
tener

zuo
hacer

dang
ser

zhan
estar de pie

pao
correr

la
tirar

reng
tirar

shuai dao
caer

tang
yacer

deng dai
esperar

xie dai
llevar

zuo
estar sentado

chuan yi
vestirse

shui jiao
dormir

xing lai
despertar

kan

mirar

ku

llorar

fu mo

acariciar

shu tou

peinar

jiao tan

hablar

ming bai

entender

wen

preguntar

ting

escuchar

he

beber

chi

comer

qing li

ordenar

ai

amar

zuo fan

cocinar

kai che

conducir

fei

volar

huo dong - actividades

hang xing

navegar

ji suan

calcular

du

leer

xue xi

aprender

gong zuo

trabajar

jie hun

casarse

feng

coser

shua ya

cepillarse los dientes

sha

matar

chou yan

fumar

ji

enviar

zu mu
abuela

zu fu
abuelo

fu qin
padre

mu qin
madre

ying tong
bebé

nü er
hija

er zi
hijo

ke ren

invitado

a yi

tía

shu shu

tío

xiong di

hermano

jie mei

hermana

qian e
frente

yan jing
ojo

jian bang
hombro

shou zhi
dedo

lian
cara

xia ba
barbilla

shou
mano

ru fang
pecho

tui
pierna

shou bi
brazo

ying tong

bebé

nan ren

hombre

nü ren

mujer

nü hai

chica

nan hai

chico

tou

cabeza

bei bu

espalda

du zi

vientre

du qi

ombligo

jiao zhi

dedo del pie

jiao hou gen

talón

gu tou

hueso

tun bu

cadera

xi gai

rodilla

shou zhou

codo

bi zi

nariz

pi gu

trasero

pi fu

piel

lian jia

mejilla

er duo

oído

zui chun

labio

zui

boca

ya chi

diente

she tou

lengua

nao

cerebro

xin zang

corazón

ji rou

músculo

fei

pulmón

gan zang

hígado

wei

estómago

shen zang

riñones

xing jiao

sexo

bi yun tao

condón

luan zi

ovario

jing zi

semen

huai yun

embarazo

yue jing

menstruación

yin dao

vagina

yin jing

pene

mei mao

ceja

tou fa

pelo

bo zi

cuello

yi yuan
hospital

jiu hu che
ambulancia

lun yi
silla de ruedas

gu zhe
fractura

yi sheng

médico

ji zhen shi

sala de urgencias

hu shi

enfermera

jin ji qing kuang

urgencia

hun mi

inconsciente

tong

dolor

shou shang

lesión

chu xue

hemorragia

xin zang bing fa zuo

infarto

zhong feng

ictus

guo min

alergia

ke sou

tos

fa shao

fiebre

liu gan

gripe

fu xie

diarrea

tou tong

dolor de cabeza

ai zheng

cáncer

tang niao bing

diabetes

wai ke yi sheng

cirujano

shou shu dao

bisturí

shou shu

operación

CT
TAC

X guang
rayos x

chao sheng bo
ultrasonido

kou zhao
mascarilla

ji bing
enfermedad

hou zhen shi
sala de espera

guai zhang
muleta

shi gao
tirita

beng dai
venda

zhu she
inyección

ting zhen qi
estetoscopio

dan jia
camilla

ti wen ji
termómetro

chu sheng
nacimiento

chao zhong
sobrepeso

zhu ting qi

audífono

xiao du ye

desinfectante

gan ran

infección

bing du

virus

ai zi bing

VIH / SIDA

yao wu

medicina

jie zhong yi miao

vacunación

yao pian

tabletas

yao wan

pastilla

ji jiu dian hua

llamada de urgencia

xue ya ji

tensiómetro

sheng bing/jian kang

enfermo / sano

jiu ming!

¡Socorro!

jing bao

alarma

tu ji

asalto

gong ji

ataque

wei xian

peligro

jin ji chu kou

salida de emergencia

zhao huo la!

¡Fuego!

mie huo qi

extintor de incendios

yi wai

accidente

ji jiu xiang

botiquín de primeros
auxilios

hu jiu xin hao

SOS

jing cha

policía

ou zhou

Europa

bei mei zhou

Norteamérica

nan mei zhou

Sudamérica

fei zhou

África

ya zhou

Asia

ao zhou

Australia

da xi yang

Atlántico

tai ping yang

Pacífico

yin du yang

Océano Índico

nan bing yang

Océano Antártico

bei bing yang

Océano Ártico

bei ji

polo norte

nan ji

polo sur

nan ji zhou

Antártida

di qiu

tierra

lu di

tierra

hai

mar

dao

isla

guo jia

nación

guo jia

estado

zhong mian

esfera

shi zhen

manecilla de las horas

fen zhen

minutero

miao zhen

segundero

xian zai ji dian?

¿Qué hora es?

tian

día

shi jian

tiempo

xian zai

ahora

dian zi biao

reloj digital

fen

minuto

shi

hora

zhou

semana

zhou yi / lunes
zhou san / miércoles
zhou wu / viernes
zhou er / martes
zhou si / jueves
zhou liu / sábado
zhou ri / domingo

zuo tian

ayer

jin tian

hoy

ming tian

mañana

zao chen

mañana

zhong wu

mediodía

wan shang

tarde

gong zuo ri

días laborables

zhou mo

fin de semana

yu
lluvia

cai hong
arcoíris

feng
viento

xue
nieve

chun
primavera

xia
verano

qiu
otoño

dong
invierno

tian qi yu bao

pronóstico del tiempo

wen du ji

termómetro

yang guang

sol

yun

nube

wu

niebla

chao shi

humedad

shan dian

rayo

da lei

trueno

feng bao

tormenta

bing bao

granizo

ji feng

monzón

hong shui

inundación

bing

hielo

yi yue

enero

er yue

febrero

san yue

marzo

si yue

abril

wu yue

mayo

liu yue

junio

qi yue

julio

ba yue

agosto

jiu yue

septiembre

shi yue

octubre

shi yi yue

noviembre

shi er yue

diciembre

xing zhuang
formas

yuan xing

círculo

zheng fang xing

cuadrado

chang fang xing

rectángulo

san jiao xing

triángulo

qiu ti

esfera

li fang ti

cubo

bai

blanco

huang

amarillo

cheng

anaranjado

fen

rosa

hong

rojo

zi

morado

lan

azul

lü

verde

zong

marrón

hui

gris

hei

negro

hen duo/shao xu

mucho / poco

sheng qi/ping jing

enojado / tranquilo

mei/chou

bonito / feo

shou/wei

principio / fin

da/xiao

grande / pequeño

ming/an

claro / oscuro

xiong di/jie mei

hermano / hermana

gan jing/ang zang

limpio / sucio

wan zheng/que shi

completo / incompleto

bai tian/wan shang

día / noche

si/sheng

muerto / vivo

kuan/zhai

ancho / estrecho

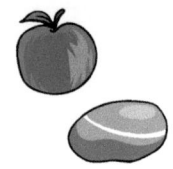

ke shi yong/fei shi yong

comestible / no comestible

xie e/shan liang

malo / amable

xing fen/wu liao

entusiasmado / aburrido

pang/shou

gordo / delgado

di yi/zui hou

primero / último

peng you/di ren

amigo / enemigo

man/kong

lleno / vacío

ying/ruan

duro / blando

zhong/qing

pesado / ligero

e/ke

hambre / sed

sheng bing/jian kang

enfermo / sano

fei fa/he fa

ilegal / legal

cong ming/yu ben

inteligente / tonto

zuo/you

izquierda / derecha

jin/yuan

cerca / lejos

xin/jiu

nuevo / usado

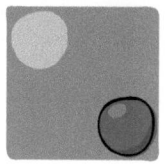

mei you/you xie

nada / algo

lao/you

viejo / joven

kai/guan

encendido / apagado

da kai/he shang

abierto / cerrado

an jing/chao nao

silencioso / ruidoso

fu/qiong

rico / pobre

dui/cuo

correcto / incorrecto

cu cao/guang hua

áspero / suave

shang xin/gao xing

triste / contento

duan/chang

corto / largo

man/kuai

lento / rápido

shi/gan

húmedo / seco

wen nuan/liang shuang

cálido / frío

zhan zheng/he ping

guerra / paz

0

ling

cero

1

yi

uno

2

er

dos

3

san

tres

4

si

cuatro

5

wu

cinco

6

liu

seis

7

qi

siete

8

ba

ocho

9

jiu

nueve

10

shi

diez

11

shi yi

once

12
shi er

doce

13
shi san

trece

14
shi si

catorce

15
shi wu

quince

16
shi liu

dieciséis

17
shi qi

diecisiete

18
shi ba

dieciocho

19
shi jiu

diecinueve

20
er shi

veinte

100
bai

cien

1.000
qian

mil

1.000.000
bai wan

millón

ying yu

inglés

mei shi ying yu

inglés americano

pu tong hua

chino mandarín

yin di yu

hindi

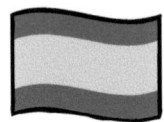

xi ban ya yu

español

fa yu

francés

a la bo yu

árabe

e yu

ruso

pu tao ya yu

portugués

feng jia la yu

bengalí

de yu

alemán

ri yu

japonés

wo
yo

ni
tú

ta/ta/ta
él / ella / ello

wo men
nosotros/as

ni men
vosotros/as

ta men
ellos/as

shei?
¿quién?

shen me?
¿qué?

zen yang?
¿cómo?

na li?
¿dónde?

shen me shi hou?
¿cuándo?

HELLO, I AM

ming zi
nombre

hou mian

detrás

li mian

en

qian mian

delante de

shang fang

por encima de

shang mian

sobre

xia mian

debajo de

pang bian

junto a

zhong jian

entre

di dian

lugar